मुस्कुराते आँसू

दीपक मिश्रा "दीप"

Copyright © Deepak Mishra "deep"
All Rights Reserved.

This book has been published with all efforts taken to make the material error-free after the consent of the author. However, the author and the publisher do not assume and hereby disclaim any liability to any party for any loss, damage, or disruption caused by errors or omissions, whether such errors or omissions result from negligence, accident, or any other cause.

While every effort has been made to avoid any mistake or omission, this publication is being sold on the condition and understanding that neither the author nor the publishers or printers would be liable in any manner to any person by reason of any mistake or omission in this publication or for any action taken or omitted to be taken or advice rendered or accepted on the basis of this work. For any defect in printing or binding the publishers will be liable only to replace the defective copy by another copy of this work then available.

क्रम-सूची

प्रस्तावना   vii

आमुख   ix

1. जिंदगी रंगमंच है   1

2. क्या सुन रही हो तुम   4

3. पछताओगे तुम   7

4. कुछ सवाल अब भी बाकी है   9

5. लौटकर आओगे क्या   11

6. कुछ तुम कहो, कुछ मैं कहूं   13

7. सखी   15

8. चाहता हूँ   17

9. क्या मैं तुझको बतलाऊँ   19

10. काश वह शाम फिर आए   20

11. तु उसे सोचता है क्यों   23

12. तुम हो तो तसल्ली है   25

13. मैंने तुम्हारा मुख देखा है   27

14. सिर्फ हम ही दीवाने नहीं   28

15. वह मिले तो थे   30

16. हम कोशिश में है बेहतर होने की   31

17. एक उम्र लगेगी ज़िन्दगी बसर होने में   33

18. बहुत देर से आए हो   35

19. मुझे तुमसे मुहब्बत कब हुई   37

20. अंधेरों के फसाने गए   39

क्रम-सूची

21. ज़माना नहीं देखा — 40

22. तुम और मुहब्बत हम शक्ल हो — 41

23. बिछड़ कर गए थे तेरी दुनिया से हम — 43

24. कुछ दिन मकान में ठहर जाने दो — 45

25. उसे महलों का शौक है जिससे हम प्यार करते हैं — 46

26. तन्हा हूँ मैं — 48

27. मुस्कुराते हुए आँख मेरी तर होती है — 50

28. नज़ारा न गया — 52

29. अंधेरा क्यों हो गया चमन में — 54

30. बस उसका नाम लिखा है — 56

31. मुश्किलें मिली ऐसे कि मिलकर कबा हो गई — 58

32. मेरा घर जला कर क्या मिला — 60

33. दोस्त नहीं कातिल ही सही — 62

34. इसलिए दीप की कमी नहीं खल रही होगी — 64

35. तुम न पाओगे मुझे वैसा — 66

36. रूठे कौन मनाए कौन — 67

37. क्या जाने — 68

38. मेरी फरियाद करेगा कौन — 69

39. मुर्दे को ज़िंदा करने कोशिश में है — 71

40. आसानी से समंदर नहीं बनता — 73

41. तुम आज भी ज़िंदा है — 75

42. मेरे राहगुज़र हो तुम — 77

क्रम-सूची

43. अब आदत सी हो गई है — 78

44. खोजता हूँ तुम्हें — 79

45. मैं तुझसे तू चाहता हूँ — 81

46. एक शख्स के ख़ातिर — 82

47. अंधेरा अब भी बाकी है — 85

48. दो किनारे — 86

49. यह अच्छी बात नहीं — 88

50. खुदा जाने क्यों इतना पास आता है वो — 89

51. कौन अपना कौन पराया — 91

52. जो मैं तुझसे दूर प्रेयसी — 93

53. उस मकान से झांकता है कोई — 94

54. ज़माने की उम्मीदें — 96

55. कवि लिखो कोई गीत नया — 98

56. मायूस ना हो — 100

57. अपने दीप स्वयं बनो — 102

58. 'दीप' नया जलता है — 103

59. मैं सूरज देखता हूँ सदा — 105

60. जिंदा हो तुम — 107

61. जब परचम मेरा लहराएगा — 109

प्रस्तावना

काव्य क्षेत्र में कवि "दीपक" जैसे व्यक्तित्व का होना आवश्यक है। वर्तमान परिवेश, परिस्थितियां, गतिविधियों का अवलोकन किया जाए तो उसमें कवि की कविता में बहुत कुछ तारतम्य बैठता है। समाज में दिन-प्रतिदिन जो विकृतियाँ पनप रही हैं। उस पर आप की कविताओं का भाव तथा भावार्थ सटीक प्रभाव डालता है। आप विद्यार्थी जीवन से युवावस्था तक जो काव्य क्षेत्र में प्रयास कर रहे हैं वह सराहनीय है। आपके पुस्तक का अध्ययन एवं चिंतन करने के बाद यह अनुभव हो रहा है कि यथार्थ जीवन और जीवन की चाह पर कविताएँ खरी उतर रही हैं। दीपक जी सचमुच आपका यह कदम समाज की दिशा एवं दशा को बदलने में कारगर सिद्ध होगा। आप के कविता की भाषा में सरलता और सहजता के साथ-साथ कई भाषाओं जैसे मगही, खोरठा, भोजपुरी इत्यादि का समावेश है।

आशा ही नहीं अपितु पूर्ण विश्वास है कि आप की पुस्तक 'मुस्कुराते आँसू' पाठकगण को बार-बार पढ़ने के लिए बाध्य करेगी जिससे उनको भी बहुत कुछ विचार करने के लिए बाध्य कर देगी। हम आप के जीवन की सफलता तथा मंगलमय भविष्य की कामना करते हैं।

डॉ. के. सी. श्रीवास्तव

निदेशक

डी. ए. वी. पब्लिक स्कूल

झारखंड ज़ोन

आमुख

एक चेहरे के पीछे कई चेहरा लिए चलता हूँ
मैं 'दीप' रोशन करता ज़माने को तले अँधेरा लिए चलता हूँ

1. जिंदगी रंगमंच है

जो ज़िन्दगी रंगमंच है, तो वहाँ होते हैं बहुतेरे रंग और रंगों के साथ आती हैं, भावनाएँ, भावनाएँ प्रेम की, सुख की, उल्लास की मातृभक्ति की, स्वदेश भक्ति की, वहीं कहीं पर विपरीत भी होता है, कभी दुःख तो, कभी होता है अपमान, कभी अधूरे प्रेम के किस्से तो कभी हार भावना आयी है। व्यक्ति के पास भाषा हैं जो शब्दों को जोड़कर बनती है कविता, ग़ज़ल, छंद, नज्मों और कहानियाँ। मैं कोई अपवाद नहीं, समाज में जो देखा जो सीखा, उसी को कविता में व्यक्त करता हूँ। कोशिश यह रहती है कि समाज का हर वर्ग, हर उम्र इसे जुड़ पाए लेकिन फिर उम्र का तकाज़ा भी है और प्रेम तो है ही सबसे प्रबल भावना। मेरी पहली किताब को अपने पाठकों को समर्पित करते हुए मुझे जितना हर्ष हो रहा है उसे शब्द तक बाधना असंभव है। मेरे कविताओं के रंग जो मैं अपने पाठकों तक पहुँचाना चाहता हूँ जो मेरी भावनाएँ और विचार हैं उसका माध्यम यह 'मुस्कुराते आँसु' है क्योंकि

जमाने कि उम्मीदे मुझे सोने नहीं देती

लोग कहते हैं तू मर्द है, यह मर्दानगी मुझे रोने नहीं देती यहाँ पर रोने में कोई रोक नहीं है, और लगाम टूटने कि खुशी में मेरे आँसू भी मुस्कुरा रहे हैं। मेरे पाठकों से अनुरोध है कि जो ये दिल को छु जाएँ मेरे अल्फ़ाज़ तो आप भी अपने आँसूओं को मुस्कुराने देना और मुझे भी

बता देना ताकि मुझे भी मुस्कुराने की वजह मिले सबसे ज़रूरी यह है कि मेरे शब्द केवल ऊपर के नहीं है तो आप इसका अर्थ "Between the lines" जाकर समझना तभी इसकी सार्थकता है।

मैं इस किताब का कार्य करने में अपने सभी मित्रों एवं उन साहित्यकारों का कृतज़ हूँ, जिनसे किसी न किसी रूप में समय-समय पर मुझे मार्गदर्शन मिलता आया है। इसेक साथ ही विशेषरूप से अपने परम् मित्र विशेक का आभारी हूँ, जिन्होंने इस पुस्तक की एडिटिंग से लेकर इसे प्रकाशित करवाने में अपनी अहम भूमिका का निर्वहन किया। तत्पश्चात् उन पत्र-पत्रिकाओं के प्रति भी मैं आभार प्रकट करता हूं, जिनके पृष्ठों पर अवसरानुकूल इन कविता को छपने का सुअवसर मिला है। उन लोगों को मैं धन्यवाद ज़रूर देना चाहूँगा जो दिन-रात मुझे आगे बढाने में लगे रहते हैं। मैं अपने माता-पिता व परिवार के स्नेहिल आशीष के कारण लेखन को पूर्णता प्रदान कर सका, जिनके सान्निध्य में मैंने भाषा का ज्ञान प्राप्त किया। मेरे मित्र व मेरे पाठक और आलोचक जिनसे मुझे समय-समय पर प्रोत्साहन मिला। इन सब की प्रेरणा से ही मैं लेखन के कार्य को वास्तविक रूप से संपादित कर सका। अपने आलोचकों का भी मैं आभारी हूँ, जिन्होंने मुझे राह से कभी भटकने नहीं दिया है। मैं आशा करता हूँ कि यह संग्रह मेरे पाठकों को आनंदित करेगी और मेरी बात उन तक पहुँचेगी। संग्रह के विषय में अपने सुझाव और प्रतिक्रिया से हमें अवगत कराएँ।

दीपक मिश्रा 'दीप'
deepakmishra5674@gmail.com

2. क्या सुन रही हो तुम

कुछ बात कहनी थी
क्या सुन रही हो तुम

यूँ श्रृंगार कर तुम आया ना करो
हमारे दिल को ऐसे तड़पाया ना करो
यह जो ज़रा-ज़रा सी बात पर मुस्कुरा देती हो ना
मैं रूठा रहूँ कितना भी समझा लेती हो ना

मुझे बड़ा अच्छा लगता है

कुछ बात कहनी थी
क्या सुन रही हो तुम

यह लटें जब सरक कर तुम्हें छेड़ती हैं
या तुम्हारी आँखों का काजल जो छाप अपनी छोड़ती है
या तुम्हारी बिंदिया जिसका अपना ही अलग नसीब है
या तुम्हारे गले में पड़ी वह मोतियों की माला
जो हृदय के सबसे करीब है

इनसे ईर्ष्या है मुझे
कुछ बात कहनी थी
क्या सुन रही हो तुम

यूँ बेधड़क आ जाना तेरा
द्वार पर नज़रें झुकाना तेरा
और नज़र मिलतेरुकना शर्माना तेरा
मुझे देखते ही ही मुस्कुराना तेरा
तुम्हारी इन्ही अदाओं ने बना दिया है दीवाना तेरा

कुछ बात कहनी थी
क्या सुन रही हो तुम

शायद मैं तुमसे प्यार करता हूँ
लो अपनी मुहब्बत का इज़हार करता हूँ
अब बस आगे बढ़कर सीने से लगा लो तुम
तुझ में ही खो जाऊँ ऐसे छुपा लो तुम

बस यही बात कहनी थी
क्या सुन रही हो तुम

बस यही बात कहनी थी, क्या सुन रही हो तुम

बस यही बात कहनी थी, क्या सुन रही हो तुम

3. पछताओगे तुम

यूँ जो छोड़ कर जा रही हो
तुम दिल तोड़ कर जा रही हो तुम
तो सुनो पछताओगे तुम

क्या वह भी तुम्हें मुझसे ही छेड़ेगा
सर्द रातों में गर्म कंबल तले बाँहों में भर कर
क्या वह भी कहेगा
की काश ये रात कभी ख़त्म ना हो
लेकिन लेकिन यूँ जो छोड़ कर जा रही हो तुम
दिल तोड़ कर जा रही हो तुम
तो सुनो पछताओगे तुम

क्योंकि यदि तुमने मुझसे मुहब्बत की थी
और आज मुझे गलत कहती हो
हो सकता है वह ग़लत ही हो और
तुमने मुहब्बत कर ली हो
अपने आज के इस फैसले पर
कल पछताओगे तुम

क्योंकि मैं तुमसे इतना दूर चला जाऊंगा
तुमसे बहुत दूर एक नया जहाँ बसाऊंगा
कि मुझे देखने को भी तरस जाओगी तुम
लेकिन यूँ जो छोड़ कर जा रही हो तुम
दिल तोड़ कर जा रही हो तुम
तो सुनो पछताओगे तुम

4. कुछ सवाल अब भी बाकी है

सुनो कुछ सवाल है अब भी बाकी है मेरे तुमसे
जो मेरे ज़हन में न जाने कब से है
सुनो कुछ सवाल अब भी बाकी है मेरे तुमसे
जिनका जवाब जानना है जरूरी
कुछ सवाल अब भी बाकी है मेरे तुमसे
जो मैंने बचाए रखे हैं
सिर्फ तुम्हारे लिए कि
जब मिलूंगा तो पूछ लूंगा

कुछ सवाल है मेरे तुमसे
कि बताओ कि ऐसा क्या हो गया था
कि जिसने चार सालों को चार लम्हों के सामने छोटा कर
दिया
कि बताओ ऐसा क्या हुआ जो तुमने
मुझे ख़ुद से जुदा कर लिया
कि बताओ मेरे दूर जाने के ख़्याल से भी
तेरी झील सी आँखों में आने वाला सागर
अब कहाँ सूख गया है
कि बताओ कहाँ से खिलखिलाहट के ढूंढ पाए वह लब

जो मेरे बिना मुस्कुराने को कभी राज़ी न थे
कि बताओ तुम ही ना थी
जो कहती थी कि तुम्हारे बिना मेरा क्या होगा

❧❧❧

तो बताओ कि क्या हो रहा है तुम्हारा मेरे बिना
की बताओ जिन आँखों में मुहब्बत थी
वो अब नजर क्यों चुराते हैं
कि बताओ जो बदन लिपटकर डूब जाने को बेताब थे
आज देख कर नजरें फेर कर क्यों चले जाते हैं
कि बताओ मेरी जगह किसी और ने कैसे ले ली है
कि तुमने कसमें कैसे तोड़ दी
मैं तुम्हें बेवफा नहीं कहता
बस उस नज़र की सफाई चाहता हूँ
जो कहती थी कि मुझे तुमसे बेइंतहा मुहब्बत है

❧❧❧

ये कुछ सवाल अब भी बाकी है मेरे तुमसे
जो मेरे ज़ेहन में न जाने कब से है
जिनका जवाब जानना है जरूरी
जो मैंने बचाए रखे हैं सिर्फ तुम्हारे लिए तो
की जब मिलूंगा तो पूछ लूंगा

5. लौटकर आओगे क्या

मेरे गले में तेरे बाहों का हार फिर से होगा क्या
तेरा वही साज़-औ-सिंगार फिर से होगा क्या

तुम फिर से मुझे रिझाओगी क्या
कहो ना, लौट कर आओगी क्या

तुम्हारा वह बात-बात पर रूठ जाना
मुझे मेरी गलतियां घंटों बताना

बहुत बिगड़ गया हूं मैं

फिर से मुझे समझाओगी क्या
कहो ना, लौट कर आओगी क्या

जब तुम गई तो मेरी मुस्कुराहट ले गई
मेरी खिलखिला भी अपने साथ ले गई

मेरी खुशी तुम आकर लौटाओगी क्या
कहो ना, लौट कर आओगी क्या

❧ ❧ ❧

मुझे यूं ही छेड़कर चले जाना
और इस हरकत पर हंसना, खिलखिलाना

❧ ❧ ❧

मुझे फिर से तुम सताओगी क्या
कहो ना, लौट कर आओगी क्या

6. कुछ तुम कहो, कुछ मैं कहूं

कुछ तुम कहो, कुछ मैं कहूं
कुछ बात आगे बढ़ाओ प्रिये

जिंदगी दो पल की
सभी शिकवे गिले भुलाओ प्रिये

जो बीत गई उसे भूल जाओ
जिंदगी पर यूं ना पछताओ प्रिय

कुछ तुम कहो, कुछ मैं कहूं
कुछ बात आगे बढ़ाओ प्रिये

नए प्रभात की नई बात हो
एक नई उमंग से मुस्कराओ प्रिये

अफसोस न करो मंजिल बहुत दूर है
मील के पत्थर को भी मंज़िल बनाओ प्रिये

❧ ❧ ❧

एक शख़्स के लिए क्यों पछताते हो
हर शख़्स में उसकी मुहूर्त बसाओ प्रिय

❧ ❧ ❧

इस रफ़्तार से चलो कि हर कदम आनंद दे
पीछे छूटे राहियों के साथ भी हाथ मिलाओ प्रिये

❧ ❧ ❧

कुछ तुम कहो, कुछ मैं कहूं
कुछ बात आगे बढ़ाओ प्रिय

7. सखी

तेरे द्वार खड़ा हूं सखी
कर लो तुम स्वीकार मुझे
तुझ सा इस दुनिया में
दे न सका कोई प्यार मुझे

मैं जहां-तहां फिर चुका
लेकिन जहां-जहां गया
हर शख्स मुझसे नाराज़ है
हर शख्स दे चुका तिरस्कार मुझे

तुम जानती हो मुझको
फिर क्यों अनजानी हो
मेरे आंसू को सहकर
मेरे दर्द से बेगानी हो

मैं आज अकेला बैठा हूं
और तुम यूं मुझसे रूठी हो
मेरी तन्हाई का साथी कौन
क्यों मुंह फेर कर बैठी हो

❧❧❧

प्रिय तुम याद करो
क्या हमारे वादे थे
मंजिल की नहीं थी प्यास
साथ चलने के इरादे थे

❧❧❧

जानता हूं गलती हमारी है
और तुम्हारे संग भी कुछ लाचारी है
मैं कैसे जीवन तय कर लेता
यदि साथ नमेरे तेरी यारी है

❧❧❧

तेरे द्वार खड़ा हूं सखी
कर लो तुमस्वीकार मुझे
तुम सा इस दुनिया में
दे न सका कोई प्यार मुझे

8. चाहता हूँ

चाहता हूँ फिर से उस पल को पाना
चाहता हूँ फिर से तुम्हें हमसफर बनाना

क्या तुम ला सकती हो वह शाम
जब हमने किया दिल तुम्हारे नाम
वह झिलमिल तारों का आकाश क्या दोगे
जब तुम्हारी बाहों में भूल गया था मैं दुनिया तमाम

या वह हरे घास पर पड़े रहना
सिर्फ तुम्हारी सुनना और कुछ ना कहना
क्या लौटा सकते हो मुझे तुम
तुम्हारी मुस्कुराहट मेरा गहना

मैं चाहता हूँ फिर से तुम्हें गले लगाना
बाँहों में भरना और गुनगुनाना
वह आदतें वह दीवानगी
एक दूसरे से लड़ना, लड़कर आँसू बहाना

फिर से मैं अतीत को पाना चाहता हूँ
रिश्तों में नहीं गरमाहट लाना चाहता हूँ
तुम्हारा ख़फा होना मुझे बहुत खलता हूँ
दिन जल्दी-जल्दी ढलता है, दिन जल्दी-जल्दी ढलता है

9. क्या मैं तुझको बतलाऊँ

क्या मैं तुझको बतलाऊँ
किस तरह दिल का हाल सुनाऊँ
यह जो सूनापन एकाकी
तुझ बिन कैसे मन बहलाऊँ

हर निशा की बात निराली
जैसे-जैसे होती अंबर काली
रग-रग को डसती तेरी यादें
कैसे मैं तेरी यादों से छुटकारा पाऊं

अंबर-अंबर ,तारे-तारे
सारे सूने तुम बिन बेचारे
तेरा चेहरा घनघोर घटा में
मैं मयूर प्यासा कैसे तुझे रिझाऊं

क्या मैं तुझको बतलाऊँ
कैसे दिल का हाल सुनाओ

10. काश वह शाम फिर आए

काश वह शाम फिर आए
वह खुशियां तमाम फिर आए

जब हम बेहद करीब थे
क्या बताएं यार कितने खुशनसीब थे
वह सूरज दूर क्षितिज पर
संध्या के आगोश में जाता था
और चंद्रमा बादलों के पीछे
छुपकर झांकता शरमाता था

वह खुशबू हवाओं में
गुलाब की, फिज़ाओं में
जो तेरे सांसों में घुलकर मुझ तक आती
सच कहता हूं तन मन पर छा जाती

तेरे सर का मेरे कंधे पर झुकना
मेरे उंगलियों का तेरे जुल्फों पर रुकना

और धीरे से काले बालों को गोरे गालों से हटाना
मैं ढूंढता हूं तेरा मुस्कुराना, तेरा शर्माना

❧❧❧

कितने धीरे-धीरे वो लम्हे बिताते थे
जैसे पानी कोई घड़े से रितते थे
सर्दी के मौसम में गरमाहट
वह हाथों के बंधन, बंधन सीखते थे

❧❧❧

वह नन्ही सी चिड़िया जो दूर कहीं गाती थी
मध्यम-मध्यम प्रेम रस बरसाती थी
उसके बाद सुनाना ऐसा मधुर संगीत कभी
जैसा तुम उसके साथ सुर मिलाती थी

❧❧❧

न जाने कितने दिन गुजरे होंगे
न जाने कितनेशामढलते-ढलते बिसरे होंगे
तुम ना जाने कहां गुम गई हो
हम भी न जाने कहां जाकर ठहरे होंगे

❧❧❧

आज भी जब कल को सोचता हूं
मैं अपनी नन्ही सी गुड़िया को खोजता हूं
वो खुशबू वो चिड़िया आ जाती है ज़हन में
दिल बार-बार कहता है
क्यों ना उसे भूल जाए

काश वो शाम फिर आए
वोखुशियां तमाम फिर आए

11. तू उसे सोचता है क्यों

लौट कर ना आएगा वह
जो परिंदा उड़ चला आसमान में
तू नाहक उसे सोचता है क्यों
मेरे दिल बता, मेरे दिल बता

जो गर्दिशों में तुझे छोड़ गया
जो रंजिशों में बंधन तोड़ गया
जिसे तेरे ख़ैर-ओ-ख़बर की फिक्र नहीं
तू हर लम्हा उसे खोजता है क्यों
मेरे दिल बता, मेरे दिल बता

जोना फिरेगा तेरा कलाम पढ़ने
तेरा किया कोई भी सजदा-ओ-सलाम पढ़ने
तो फिर हर एक सफ़हे पर
उसका नामखरोंचताहै क्यों
मेरे दिल बता ,मेरे दिल बता

तू क्यों नहीं समझता इस बात को
क्यों जागता रहता है रात को

अपने इस नासूर को हर नफ़्स नोचता है क्यों
मेरे दिल बता, मेरे दिल बता

• 24 •

12. तुम हो तो तसल्ली है

तुम हो तो तसल्ली है
कोई शाख अभी बाकी है
बेशक जलकर खत्म हो गए जज्बात तेरे
लेकिन राख अभी बाकी है

तुम को तसल्ली है
कोई है पहचानने वाला
कोई याद करता है मुझे
कोई है दर्द जानने वाला

तुम हो तसल्ली है
शायद लम्हेंफुर्सत के फिर आए
वह सुकून तुम्हारे जुल्फों का
शायद मेरा भी गम मिटाएं

तुम हो तो तसल्ली है
लौटकर आएंगे वह दिन वो रातें
शायद तुम कभी मान भी जाओ
याद आए वह बातें ,मुलाकातें

तुम आज ना देखो मेरी ओर
न मुअकुराओ, न शरमाओ
लेकिन तुम को तसल्ली है
एक दिन तड़पोगे मेरे लिए
बार-बार कहोगी लौट आओ, लौट आओ

13. मैंने तुम्हारा मुख देखा है

तारकों के दल से
मैंने उगता तुम्हारा मुख देखा है
उषा का चिड़ियों को मिलता जो
वह सुख देखा है

डरावनी निशा थी ,घनघोर भारी
उस पर जगती का शासन,दंशनकारी
अपनोंसे मिलने बिछड़ने का भी
मैंने दुख देखा है

पर जब से सृजन हुई किरण की
तेरे मुख आभामंडल की
तब से अंधकार मिटता जाता है
जगती को खुद से विमुख देखा है

प्रिय मैंने जब से तुम्हारा मुख देखा है

14. सिर्फ हम ही दीवाने नहीं

सिर्फ़ हम ही नहीं हैं दीवाने आपके
कि देखो जब बढ़ती हो यूँ चुनर लहराते हुए
तो कली कोई बढ़कर दामन थाम लेती है
तेरा चुनर चुमने के वास्ते

सिर्फ हम ही नहीं है दीवाने आपके
कि देखो जब जुल्फें खोलती हो तुम अदा से
तो हवाएं भी तेज दौड़ उठती है
जुल्फों को तेरे उड़ा ले जाने के वास्ते

सिर्फ हम ही नहीं हैं दीवाने आपके
कि देखो जब कदम रखती हो तुम हया से
तो छलक उठता है जमीन पर बारिश का पानी
तुम्हारे पैरों को छूने के वास्ते

पर सबसे अधिक है हम दीवाने आपके
कि देखो जब भी तुम आती हो पास मेरे

यह जानते हुए भी कि तुम नहीं हो मेरी
बाहें फैला लेता हूं मैं तुम्हें सीने से लगाने के वास्ते

15. वह मिले तो थे

जिंदगी में गम के, खुशी के मंजर बहुत आए
लोग रक्खेहोठों पर मुस्कुराहट, हाथों में खंजर बहुत आये

ना आया तो कोई हमनशी,हमसफर मेरा
ऐसे रास्ते से राहगुज़र तो बहुत आए

उन आंखों में थी बात ही कुछ ऐसी
वरना चांद से चेहरे तो नज़र बहुत आये

उससे महरूम होकर रोए हम ऐसे
के पाषाण का भी गला भर आए

आज तक फक़त तसव्वुर में रहते हैं
न जाने कब शाम गई न जाने कब सहर आए

रोकना ही मुनासिब है इन ख़यालों के दरिया को
'दीप' क्या पता कब समंदर भर आए

16. हम कोशिश में है बेहतर होने की

दरिया से बढ़कर समंदर होने की
हम कोशिश में है और बेहतर होने की

कि जो बेच आए सर-ए-बाज़ार कलम अपना
ज़रूरत नहीं मुझे इतना भी पेशेवर होने की

अक्सर दोस्तों में पीछे छूट जाता हूं मैं
गलती की थी मैंने लोगों के हमसफ़र होने की

वह हमें दिन रात सोचते रहते हैं फिर भी
दिखावा करते हैं मुझ से बेख़बर होने की

दम नहीं अभी तूफानों में की चट्टानों को हिला दे
हमने जिंदगी से तालीम ली है पत्थर होने की

एक उम्र से रात काट रहा हूं मैं
एक उम्र से उम्मीद है मुझे सहर होने की

❦❦❦

अब तो लोग पलट कर देखते भी नहीं
यही सज़ा मिली मुझे सबको मयस्सर होने की

17. एक उम्र लगेगी ज़िन्दगी बसर होने में

एक रात बाकी है अभी सहर होने में
एक उम्र लगेगी जिंदगी बसर होने में

और वह जो जोड़ रही है तिनका- तिनका
बहुत वक्त लगता है घोंसले को घर होने में

हर कोई नहीं चल पाता है दरिया के उलट
बहुत बड़ा फर्क है जान होने में ,जिगर होने में

महज दूर से देखने से कुछ मिलता नहीं
बहुत मेहनत लगती है पांव तले शिखर होने में

दरिया के तड़प को मिलाकर कितना शांत है वह
अजब सा एक हुनर चाहिए समंदर होने में

जो जिंदगी के साथ का वादा करते हैं, उनसे पूछ
फ़र्क पता है राहगुज़र होने में, और हमसफ़र होने में

इतना दूर चले गए हो ज़माने से तुम 'दीप'
एक अरसा लगेगा लोगों को ख़बर होने में

18. बहुत देर से आए हो

अर्ध निशा में चांद पे पहरा
बढ़ता जाता है तम गहरा

जब-जब भी थी मुझे दीप्ति की आशा
तब-तब मन में छाई निराशा

जब शीतल पवन छिनता था ताप तन का
प्रिय में आकांक्षी था तब तेरे आलिंगन का

लेकिन तुम आयी तो हो
जेठ मास में लाई आग तुम भुवन का

जब मन विचलित तनकंपित होते थे
मैं तब तुम्हें चाहता, और तब भी जब हम हर्षित होते थे

लेकिन तब ही हो पाया प्रवेश तेरा
बन चुका मृत्यु ही प्रयाय जीवन का

❧❧❧

मैं मानता हूं कि प्रिये तुम 'दीप' संग लाई हो
लेकिन यह भी सत्य, देर बहुत कर आई हो

❧❧❧

अब केवल सांसे ही चलती जाती है
नहीं तो शव रूप है इस बदन का

19. मुझे तुमसे मुहब्बत कब हुई

अब भी जो आँखें बंद करके तुम्हें देखता हूँ सोचता हूँ मैं

मुझे तुमसे मुहब्बत कब हुई

यूँ तो निरीह तनहा रहा हूँ मैं

लेकिन इस दिल को तन्हाई से शिकायत कब हुई

क्या वह तब तो नहीं था

जब छन से करते तेरे पायल

अपने भाग्य पर इठलाते, मुझे ललचाते, रिझाते हुए जा रहे
थे

या की तब जब अनायास खिलकर खिड़की तुमने

सुबह के सूरज के सामने नया चांद खड़ा कर दिया

या फ़िर तब जब सो रहा था मैं और

तुम्हारी जुल्फों ने मेरे सपनों को तोड़कर और बड़ा कर
दिया था

मैं जब-जब आँखें बंद करके तुम्हें देखता हूँ

तो सोचता हूँ मैं की मुझे तुमसे मुहब्बत कब हुई

क्या वो तब तो नहीं था

जब अपने घने लंबे केश सवार रही थी तुम

और अचानक से मैं तुम्हारे कमरे में आ गया था

याद है तुम्हें, तुमने अपना सारा शृंगार साज़ो-सामान गिरा
दिया था

तुम्हारी काजल की डिबिया टूट गई थी
मुझे बड़ा दुख हुआ था
की उसे अब तुम्हारी आँखों पर आने का सौभाग्य न मिल
सकेगा
जब आँखें बंद करके तुम्हें देखता हूँ मैं
मुझे तुमसे मुहब्बत कब हुई
तो सोचता हूँ की मुझे तुमसे मुहब्बत कब हुई
उस वक्त तो नहीं जब तुम्हारी आँखों का पानी
तुम्हारे गालों से अरुण चुरा कर ले जा रहा था
तुम झूमकर स्कूटी चला रही थी, मैं पीछे बैठा मुस्कुरा रहा
था
इतने लम्हे हैं कि शायद मैं कभी गिन ना पाऊंगा
ना बता पाऊंगा किस लम्हे में मुझे तुमसे मुहब्बत हुई
की हर एक लम्हा अपने आप में ख़ास था
हर एक लम्हे में मुझे तुमसे मुहब्बत हुई
लेकिन वह सवाल आज भी जिंदा है
वो पहला लम्हा कौन सा था
जिसमें मुझे तुमसे मुहब्बत हुई
अब भी जब आँखें बंद करके तुम्हे देखता हूँ
तो सोचता हूँ मैं कि मुझे तुमसे मुहब्बत कब हुई

20. अंधेरों के फसाने गए

यह याराने भी गए हाथ से
दोस्त पुराने भी गए हाथ से
जिन पर फक्र करते रहे हम मुद्दतों तक
वो अफसाने भी गए हाथ से

जरा-जरा सी बात पर हम तबाह हो गए
क्या बताएं यार क्या थे और क्या हो गए
एक जमाना था गुलजार रहती थी बगिया कलियों से
उसने रुख ऐसा मोड़ा, बहारों के ठिकाने गए हाथ से

जब तक उसे पार जाने के लिए कश्ती की जरूरत थी
तब तक उसे मेरी दोस्ती की जरूरत थी
सुना है, उसने नया माझी नया दरिया ढूंढ लिया है
'दीप' वो अंधेरों के फसाने गए हाथ से

21. ज़माना नहीं देखा

हमने देखा नहीं कभी ज़माना तेरे आगे
जो आकर रुक गई मेरी यह निगाह तेरे आगे

तू जो चाहे हँस करे मेरा
सामने देख, खड़ा है यह बंदा तेरे आगे

हमने माँगा नहीं कुछ भी इबादत में तेरे सिवा
नहीं रही कुछ भी अब मेरी तमन्ना तेरे आगे

तू वो सागर है जो सब कुछ समेट लेता है
मैं तो हूँ बस छोटा सा एक दरिया तेरे आगे

गर ठुकराओगे 'दीप' को तो पछताओगे बहुत
सोचोगे खड़ा था अच्छा इंसान तेरे आगे

22. तुम और मुहब्बत हम शक्ल हो

मर्ज़ी के मुझको मुहब्बत कहाँ मिलती है
यह अधूरी ही मिलती है मुझे जहाँ मिलती है

मुहब्बत हम शक्ल है तेरी शायद
शक्ल तुम दोनों की जान-ए-जान मिलती है

घर छोड़ता है जो वो वापस लौटता नहीं
नदियाँ हिमशिखर से फिर कहाँ मिलती है

मेरी आरज़ू थी तेरी सोहबत की
मेरी आरज़ू अक्सर तन्हा मिलती है

वक्त-बेवक्त चला जाता हूँ तसव्वुर में तेरे
सुकून मुझे आज कल वहाँ मिलती है

और जब कोई नहीं मिलता ग़म-गुसार अपना
तब साथ मेरे खड़ी मुझे मेरी माँ मिलती है

इससे महफूज कोई नहीं है दर तुझे 'दीप'
माँ के पैरों में तमाम खुशियाँ मिलती है

23. बिछड़ कर गए थे तेरी दुनिया से हम

बिछड़ कर गए थे तेरी दुनिया से हम
मगर जा न सके दूर तलक यहां से हम

बहुत नफ़रत थी हमें तेरी महफिल से
लौट आए हैं इसी महफ़िल में न जाने कहाँ-कहाँ से हम

जब साथ थे तुम तो बड़ी मुश्किल थी
बगैर तेरे फिरते हैं तन्हा-तन्हा से हम

अब ठिकाना नहीं कुछ ठोस मेरा
फिरते रहते हैं शहर-दर-शहर हवा से हम

समेटते रहते हैं खुद के ही टुकड़ों को
मिल जाए खुद को जहाँ-जहाँ से हम

ऐसा दौर आया कि जमीन पर गिर गए हैं
हवा में उड़ते थे, थे शहंशाह से हम

❧❧❧

वक्त ने जब मुजरिम साबित किया 'दीप'
तो फिर क्या कहते कि थे मसीहा से हम

24. कुछ दिन मकान में ठहर जाने दो

उम्र से मुसाफिर हूँ अब तो मुझे घर जाने दो
यूँ शर्मा कर न देखो मुझे मेरी तमन्नाओं को मर जाने दो

कितना पागल है दिन-रात दौड़ता रहता है
दरिया के इस लहर को अब ठहर जाने दो

होगी बारिश तो भीगेगा शहर भीगेगी तू भी
इतना बेताब क्यों हो पहले आँख तो मेरी भर जाने दो

अभी दिल में आए हैं अभी ही निकालते हो
कुछ दिन तो मकान में ठहर जाने दो

समेटोगे इनको तो खंजर बन जाएंगे 'दीप'
मुनासिब यही है कि मुहब्बत के लम्हों को बिखर जाने दो

25. उसे महलों का शौक है जिससे हम प्यार करते हैं

मुफलिसी में भी उसका इंतजार करते हैं
उसे महलों का शौक है जिससे हम प्यार करते हैं

कासा लेकर चले जाते हैं उसके दर पर हम
दीवानगी में यही गलती हम बार-बार करते हैं

नजरों से ही सारी बातें हो जाती है
जुबान से कभी नहीं वो इनकार करते हैं

तंग आकर वह जो छिप जाते हैं वो पर्दे में
रात भर हम आसमान में उनका दीदार करते हैं

मेरी मदहोशी का फायदा तू भी उठा ले साकी
तेरे हाथों में हो शराब या ज़हर हम दोनों स्वीकार करते हैं

मेरी मासूमियत का तमाशा तो देखिए हुज़ूर
उनके इनकार को भी इकरार समझकर हम ऐतबार करते
हैं

❧ ❧ ❧

जो अब तक न किया सनम लो इस बार करते हैं
अपनी मुहब्बत का हम सर-ऐ-आम इज़हार करते हैं

26. तन्हा हूँ मैं

भीड़ में हैं फिर भी तुन्हा हूँ मैं
सोचता हूँ कि ये कहाँ हूँ मैं

आराम के सारे साधन जुटा लिए हैं
शुकून से थोड़ा अभी भी जुदा हूँ मैं

कोई अंदर में मर गया है मेरे
चलता फिरता एक लाश हूँ , चिता हूँ मैं

वक्त ने तरक्की देकर मुस्कुराहट माँग लिया
वक़्त तुझसे भी आज खफा हूँ मैं

जिसे याद करना अब कोई नहीं चाहता
बीता हुआ वही बुरा फ़लसफ़ा हूँ मैं

जिसे सब भुला चुके है इस शहर में
लगता है शायद वफ़ा हूँ मैं

कुछ सूखे फूल देखे तो याद आया
कैसे धीरे धीरे उजड़ा हूँ मैं

मालिक ने किस स्याही ऐसे किस्मत लिखी मेरी
आसमान को देखते यही सोचता हूँ मैं

ताउम्र जो रहा औरों की रोशनी के लिए
बस उसी 'दीप' सा अब जलता हूँ मैं

27. मुस्कुराते हुए आँख मेरी तर होती है

जिसके साथ कभी शाम होती थी अब सहर होती है
मुस्कुराते हुए आँख मेरी तर होती

❦ ❦ ❦

तसव्वुर-ए-जाना मैं इस कदर डूबा हूँ
मैं रहूँ कहीं मौजूद, मेरे बगल वो हर पहर होती है

❦ ❦ ❦

उसकी शोख आँखों को अब क्या कहे भला
वह जहाँ फिरे बस कह रही कहर होती है

❦ ❦ ❦

नासेह कहते हैं मुहब्बत से दूर रहो
बताऐ कोई इश्क करने की भी भला कोई उम्र होती है

❦ ❦ ❦

बवाल-ए-दुनिया से हारे हुए को सुकून मिलता है
इश्क हर मुसाफ़िर की आखिरी सफर होती है

❦ ❦ ❦

रक़ीब मेरे बारे में क्या कुछ नहीं कहता, पर मैं कुछ नहीं कहता
बात यह नहीं है मुझे हर बात की खबर होती है

❧❧❧

यूँ तो आईने सा है दिल अपना 'दीप'
लेकिन आप क्या देखते हैं, खैर अपनी-अपनी नज़र होती

28. नज़ारा न गया

वो मंज़र मुझसे बिसरा न गया
जो आया वो दिल में, तो फिर उतारा ना गया

वैसे तो कई मंज़र आये नज़रों में
पर आँखों के सामने से, अब तक वह नज़ारा ना गया

दिल-ए-बेताब था उसका भी, सो सम्भल गया
बस रह गया पागल दिल, पागलपन बस हमारा न गया

बिछड़कर तड़पे ऐसे कि मर ही गए
ये सदमा हमसे गवारा न गया

आँख बंद थी तो चेहरा उसका अंधेरा था
आँख खुली तो रोशनी को निहारा ना गया

खंजर उठाया था कि कत्ल कर देंगे
मुहब्बत इतनी की क़ातिल को भी मारा ना गया

तंज किया सब ने हाल पर मेरे
पर हाल किसी से भी मेरा संवारा ना गया

जाने को तो क्या कुछ नहीं गया 'दीप'
बस बेफ़िक्री, फ़कीरी, यह दीवानापन तुम्हारा न गया

29. अंधेरा क्यों हो गया चमन में

अंधेरा क्यों हो गया चमन में बादलों के पीछे मेहताब क्यों है
आप आए हैं हुज़ूर वस्ल की रात तो फिर यह हिज़ाब क्यों है

नशा तो और भी गहरा था तेरे चश्मे-ए-तर का साकी
फिर भी हुई बदनाम हाथों में तेरी शराब क्यों है

फलक से उतरकर सितारे तेरे कदमों पर आ गए
तुमने ऐसा क्या जादू किया फिज़ा में आफताब क्यों है

शब-ए-हिज्र में कब से तड़प रहा हूँ मैं
न जाने ख़फा मुझसे मेरे ख़्वाब क्यों है

इस कदर नाराज क्यों रहते हो जाना
मैंने सवाल अभी किया नहीं लब पर तेरे जवाब क्यों है

मुहब्बत सबकी मुकम्मल हुई जुदाई ही मुझे बस हासिल हुई
मैं पूछता हूँ ऐ खुदा किस्मत मेरी इतनी ख़राब क्यों है

उसके रुखसत का ज़माना भी अब रुखसत हो गया
फिर भी दिल में तेरे 'दीप' मोहब्बत का सैलाब क्यों है

30. बस उसका नाम लिखा है

हर्फ़-दर-हर्फ़ सफ़ह-दर-सफ़ह कलाम लिखता गया
कलाम क्या लिखा कि बस उनका नाम लिखता गया

वो हर शाम श्याह मिटाते गए
मैं हर शब नया सलाम लिखता गया

सबकी अपनी-अपनी गुज़ारिश थी ख़ुदा से
वो आराम लिखते गए, मैं बस काम ही काम लिखता गया

उनकी बातों को मुहब्बत में, कुछ यूँ माना हमने
वो मुझे भूल जाने को कहते रहे, मैं जाम लिखता गया

अज़ब लहज़ा था मेरे यार का मत पूछ
एक ख़्याल आया और सुबह-औ-शाम लिखता गया

तुझे पढ़-पढ़ कर वे कामयाब हो गए 'दीप'
तू पागल बस नाकाम लिखता गया

• 57 •

31. मुश्किलें मिली ऐसे कि मिलकर कबा हो गई

बड़े इत्मीनान से जिंदगी मेरी तबाह हो गई
मुश्किलें मिली मुझसे ऐसे मिलकर कबा हो गई

और जब मिला था उससे तो वह एक लड़की थी
जब बिछड़ कर गई मुझसे मेरी दुनिया हो गई

जब तक मेरे घर में थी तो वो एक गुड़िया थी
जब शहर में गई तो शहर भर का खिलौना हो गई

यूँ नहीं है कि वह चैन से है फकत मैं ही रोता हूँ
पूछे उससे कोई जिंदगी उसकी सजा हो गई

बहुत सुकून से सोया करते थे खेला करते थे
सोचता हूँ वो उम्र क्या थी ये उम्र क्या हो गई

बड़े हुजूम में चलते हम बहुत इतराते थे
वह दौर आ गया है कि अपनी हस्ती भी तन्हा हो गई

हर दफ़ा नए रास्ते तलाशे हमने
हर दफा मंज़िल बेवफ़ा हो गई

'दीप' अब लोग मज़ा लेते हैं तमाशे का
'दीप' अब तेरी लौ भी एक तमाशा हो गई

32. मेरा घर जला कर क्या मिला

क्या मिला मुझे तोड़कर ऐ ज़माने वालों
जल गए तुम्हारे भी हाथ, मेरा घर जलाने वालों

अच्छा हुआ जो मुसीबत आई मुझ पर
सब को पहचाना मैंने, सुनो ऐ पीठ दिखाने वालों

कोई नासेह आए मुझे सँवारने को, उजड़ा हूँ
कहाँ गए सब मुझे समझाने वालों

ऊपर वाला सब लिख रहा है, वह तुम्हें याद दिलाएगा
तुम भी हँस नहीं पाओगे आज मुझे रुलाने वालों

वक्त-वक्त की बात है वक्त बदल जाएगा
नजरें तेरी भी झुकेगी मुझे आँख दिखाने वालों

आग जब तक है 'दीप' मर नहीं सकता
अपनी शमशीरें अपने पास रखो मुझे डराने वालों

33. दोस्त नहीं कातिल ही सही

राह मुश्किल है तो मुश्किल ही सही
शहर में हमराज नहीं कोई, कातिल ही सही

जिंदा है तो लड़ लेंगे जिंदगी से हम
न मिले अगर यह रंगीन तो बोझिल ही सही

भीख नहीं माँगेंगे किनारों से हम
तूफान से लड़ लेंगे, दूर हो साहिल ही सही

रास्ते में दम तोड़ना मंजूर है रुकना हरगिज़ नहीं,
आखिरी साँस तक चलेंगे हम, कठिन कितनी हो मंज़िल ही
सही

एक रोज़ दुश्मन भी मिलेंगे गले मुझसे
फिर चाहे वह मिले बेदिल ही सही

जब मुश्किलें ही है किस्मत में 'दीप'
क्या फर्क रूठी हो मुस्तकबिल ही सही

34. इसलिए दीप की कमी नहीं खल रही होगी

उनके दरवाजे पर शायद
अब चिंगारी कोई और जल रही होगी
इसलिए इस दीप की
कमी नहीं खल रही होगी

या अब सहर हो गया होगा उस तरफ़
रात कल रही होगी
वो रात के जले चिरागों को
बुझाती चल रही होगी

भंवरा कोई और आया होगा गुलिस्तां में
कली किसी और पर मचल रही होगी
या किसी और का हक हो गया होगा उस पर
सूरज की तरह वो शाम के बाँहों में ढल रही होगी

कभी मुझ पर जान निसार करने वाली
आज किसी गैर की बातों से बहल रही होगी

इसलिए इस दीप की
कमी नहीं खल रही होगी

❧❧❧

या फिर रोक होगी उस पर, पहरा होगा
मेरी जान बंदिशों में पल रही होगी
मेरी तस्वीर देखती होगी
मेरी यादों के सहारे चल रही होगी

❧❧❧

पैगाम देने की कोशिश की होगी उसने
इस में भी विफल रही होगी
अंत में समझौता किया होगा उसने
खुद ही खुद को छल रही होगी

❧❧❧

जिंदगी में सब ठीक हो गया होगा
अंधेरों से दूर कहीं निकल रही होगी
इसलिए इस 'दीप' की कमी नहीं खल रही होगी

35. तुम न पाओगे मुझे वैसा

जैसा तुम मुझे अस्ताचल में छोड़ गए थे
प्रेम के सारे बँधन तोड़ गए थे।
उदयाचल में मुझको तुम न पाओगे फिर वैसा
रात जो अंधियारी है काली
जिस कालिमा में की हमने उजियाली
अब फिर उसी कालिख से सने मुझको
तुम न पाओगे फिर वैसा
जब मैं तेरे द्वार खड़ा था
प्रियसी तुझ पर लुटाने निज सर्वश्व अड़ा था
तब भी तुमने जो दुत्कारा मुझको तो
मुझे तुम न पाओगे फिर वैसा
जिस नयनों में था नेह वह अंगार बन गए है।
तेरे दिए जख़्म हृदय के श्रृंगार बन गए है।
तुम्हे दूरी की थी अभिलाषा तो
लो अब वो भी दूर चला
तुम न पाओगी उसे फिर वैसा
'दीप' जो तेरे पथ पर पड़ा था
तेरे राश्ते को रोशन कर रहा था
वो भी शायद अब बुझ चला है
तुम न पाओगी उसे फिर वैसा

36. रूठे कौन मनाए कौन

रूठे कौन मनाए कौन
जब दोनों ही दूर गए तो
पास लाए कौन

ज़िद इधर भी है ज़िद उधर भी
दोनों है ज़िद्दी
भला इन्हें समझाए कौन

दिल धड़कता है यहां भी वहां भी
दोनों चाहते हैं एक होना भी
लेकिन बात है कि बात आगे बढ़ाए कौन

अजब बला है इश्क
'दीप' दोनों है डूबते
किसको यहां बचाए कौन

37. क्या जाने

मेरे मुस्तकबिल को क्या है मंजूर क्या जाने
क्यों हूँ इतना मजबूर क्या जाने

हमारे फासलों की वजह क्या पता
मेरी गुस्ताखियां तेरा गुरूर क्या जाने

मैं इधर तेरे उम्मीद में चिरागों को रोशन कर रहा
तू उधर किस दुनिया में मगरूर क्या जाने

अचानक क्यों टूट कर बिखर गए हम
क्यों अचानक खफा हुए हुजूर क्या जाने

38. मेरी फरियाद करेगा कौन

मेरे जाने के बाद मुझे याद करेगा कौन
कौन दुआ करेगा मेरे लिए
अपना वक्त बर्बाद करेगा कौन

वह क्या है जो हमने किया ज़माने में
यह उम्र कट गई बस आंसू बहाने में
न इमदाद की, न की मसीही मैंने
बस वक्त काटा है अपने ही फसाने में

मैं खुदगर्ज़, ना समझ पाया दानायी
न धन ही जुटा पाया न शोहरत ही पायी
मालिक के घर न जाने कितना कर्ज़ा हो
मैं खाली हाथ जाता हूं, पास है ना मेरे एक पाई

लेकिन आखिरी वक्त का यह पैगाम कहता हूं
जो है राज़ जीवन का उसे सर-ए-आम कहता हूं
दिल ना लगाना किसी चीज़ से इस दुनिया में

खुदगर्ज़ी के शान को, मैं हराम कहता हूं

❧ ❧ ❧

हो सके तो एक काम करते रहना
जिसकी है सत्ता उस मालिक से डरते रहना
याद रखना हमेशा अपने ज़हन में
जिस दिन उसके पास तू जाएगा वो तेरा पूरा-पूरा हिसाब लगाएगा

❧ ❧ ❧

इसलिए मेरे दोस्तों यही है मशवरा मेरा
केवल खुद के लिए ही वक्त गुजरा मेरा
लेकिन तेरे पास वक्त अभी बाकी है
लोगों के गम मिटाने के लिए तख़्त अभी बाकी है

❧ ❧ ❧

वरना फिर यह समय न मिलेगा
क्या आखिरी वक्त में तू जख़्मों को सिलेगा
गर तू भी खाली हाथ जाएगा
मेरी तरह तू भी सबको यही बताएगा

❧ ❧ ❧

मेरे जाने के बाद कौन रोएगा
मेरी फरियाद करेगा कौन
मुझे याद करेगा कौन
अपना वक्त बर्बाद करेगा कौन

39. मुर्दे को ज़िंदा करने की कोशिश में है

हमें मुहब्बत ने दिए जो गम उसकी दवा करने की कोशिश
में है
जो अंदर में मर गई है ज़िन्दगी उस मुर्दे को जिंदा करने
की कोशिश में है

कभी जो आओ तुम सामने तो देखो चेहरा तेरा सिर्फ़ तेरा
हम अपने दिल को आईना करने की कोशिश में है

कुछ यादें अब भी लिपटी रह गई है पुरानी कुछ बातें अब
भी मुझे याद है
हम उन पुरानी यादों से ख़ुद को जुदा करने की कोशिश में
है

जिस हिसाब से अश्क बहाए थे हमने तेरी रुखसत पर
लग रहा था कि आंखों को दरिया करने की कोशिश में है

जिस शिद्दत से हमने तुझे चाहा था ऐ महबूब
दुनिया समझती थी हम तुझे ख़ुदा करने की कोशिश में है

❧ ❧ ❧

लगता है मुझे फिर से तुझसे मुहब्बत हो गई है
लगता है दिल फिर से कोई खता करने की कोशिश में है

❧ ❧ ❧

ये जो 'दीप' हर जगह सुनाता रहता है किस्से अधूरी
मुहब्बत के
समझ नहीं आता यह पागल क्या करने की कोशिश में है

40. आसानी से समंदर नहीं बनता

कण-कण जुड़ता है सदियों तक
ऐसे ही कभी पत्थर नहीं बनता

वह मजदूर मेहनत करता है कड़ी धूप में
यूं ही सेठ का घर नहीं बनता

आँसुओ में खुद को तपाया है इसने
ऐसे ही लोहा खंज़र नही बनता

भूखा रखना पड़ता है, खून रुलाने पड़ते है
जनता के दिल मे यूँ ही, सियासत का डर नही बनता

बहुत सी दरिया कुर्बान होती है ,तब बनता है सागर
आसानी से कभी समंदर नही बनता

'दीप' चाहता तो है बने ज़माने से अपनी
लेकिन ज़माना कभी 'दीप' का हमसफ़र नही बनता

41. तुम आज भी ज़िंदा है

रात जागते पलकों पर
तेरी याद आज भी ज़िंदा है

सर्द शामों की गर्म चाय पर
होती तेरी मेरी बात आज भी ज़िंदा है

मेरे दिल में कोई तस्वीर अब भी है
तेरे तस्वीर के लिए प्यार आज भी ज़िंदा है

हमारे रिश्तों में जमी बर्फ तो है
फिर भी जुबान पर मेरे इज़हार आज भी ज़िंदा है

तुम मुसलसल दूर जा रही हो मुझसे
मेरे ज़हन में तेरा ख्वाब आज भी ज़िंदा है

लेकिन इस जिंदगी का मतलब नहीं कुछ तेरे बिना
अकेले तो खंडहर आज भी ज़िंदा हैं

करो रोशनी तुम कितनी ही 'दीप'
सत्य है कि तम तेरे घर आज भी ज़िंदा है

42. मेरे राहगुज़र हो तुम

तुम्हारे हमसफ़र ना होने का मुझे गम तो नहीं
जो मेरे राहगुज़र हो तुम यह कोई कम तो नहीं

जो मेरे बाँहों में तेरा सर झुकता नहीं तो क्या हुआ
अपनी दूरियों का दर्द भरा कोई आलम तो नहीं

माना कि तुम्हारे दिल-ओ-दिमाग पर कोई और है
पर मेरी जान तेरे सिवा मेरा कोई और सनम तो नहीं

मुझे देख कर तुम दूर चली जाती हो, मैं पास आता हूँ
मेरी जान यह मुहब्बत है कोई सितम तो नहीं

तुमने जहाँ नया बसा लिया, हमने बर्दाश्त किया
तसल्ली है कम से कम बेवफ़ा हम तो नहीं

'दीप' जल कर ख़ाक हुआ तो क्या हुआ
तेरे मकान के भीतर कोई और तम तो नहीं

43. अब आदत सी हो गई है

अब आदत सी हो गई है
गम में मुस्कुराने की
अश्रु अपने छिपाने की
दर्द को थोड़ा सहलाने की
जिंदगी तुम बिन बिताने की

अब आदत सी हो गई है

बेवजह ही तुम्हें चाहने की
तेरी तस्वीर को देखकर सुकून पाने की
मुश्किलों में खुद को आज़माने की
तुम जो रूठो तो तुम्हें मनाने की

अब आदत सी हो गई है

44. खोजता हूँ तुम्हें

मेरे सनम उम्र भर की बंदगी है
लगता है तुम पर मरना ही मेरी ज़िन्दगी है

मिलता है, जुदा होता है, मुझसे
न मारता है न बख़्शता है यह कैसी सादगी है

जो खोजा हमने साये को अंधेरे में, तो यह जाना
मुहब्बत तो बस एक तिश्नगी है

अपने सभी गम-ओ-दर्द सफ़हे पर दर्ज करता हूँ
तुम समझ न लेना कि यह शायरी है

मैं अपने अल्फ़ाज़ भी सिर्फ तुम्हें ही सुपुर्द करता हूँ
तुम ही बताओ क्या नहीं ये आशिकी है

अब तो आकर मिल जाओ मेरे बदन से ऐ मेरी जान

खोजता रहता हूँ मैं तुम्हें चाहे मेरी गम हो या मेरी खुशी
है

खोजता रहता हूँ मैं तुम्हें चाहे मेरी गम हो या मेरी खुशी
है

45. मैं तुझसे तू चाहता हूँ

जिंदगी में थोड़ा सुकून चाहता हूँ
मेरी जान मैं तुझसे तू चाहता हूँ

हमारी तल्खियों से बातें बहुत हुई
अब थोड़ी मुहब्बत की गुफ्तगू चाहता हूँ

तुमने तो अपनी बहुत मनवा ली मुझसे
पूरी हो थोड़ी मेरी भी आरज़ू चाहता हूँ

और आप यूँ ही दूर से जाते रहे हरदम
अब आपके दिल में हो थोड़ी मेरी जुस्तजू चाहता हूँ

गुल और गुलिस्तां तो हमने बहुत देख लिए
अब ज़रा तेरे जुल्फों की भी खुशबू चाहता हूँ

जो बुझे 'दीप' को भी रोशन कर दे
इश्क का अब तेरे दिल में वही जुनून चाहता हूँ

46. एक शख्स के ख़ातिर

एक शख्स के खातिर
अश्क बहाए फिरते हो
तन्हाई में रहते हो
मुरझाये मुरझाये फिरते हो

जाकर पूछो कलियों से
चमन में भंवरों का साथ कब तक का
पंछी से जाकर पूछो उड़ रहे जो पवन में
पंखों का साथ कब तक का

जब तक बाहर है चमन में
भँवरों का साथ तब तक का
जब तक धार है पवन में
पंखों का साथ तब तक का
जो कल था फिर कल आएगा
इतिहास अपने लफ्जों को
फिर से दोहराएगा
जो चला गया
उसके लिए करता क्यों तो विलाप है

जो ना था कभी तेरा
उसके लिए सोचना भी अभिशाप है

❦ ❦ ❦

खुद को कर के काबिल
तू वक़्त के साथ खड़ा रह
दुख की इस घड़ी में बस अड़ा रह
वक्त भी तेरे आगे शीश झुका आएगा

❦ ❦ ❦

अच्छा हुआ उसका साथ जो छूट गया
सही वक़्त पर ग़लत रिश्ता टूट गया
कम से कम इतना तो सिखा दिया मुसीबत ने
कौन मुसीबत में तुम्हें बचाएगा

❦ ❦ ❦

तू हौसला तो रख
खुद कुछ करने की
जज़्बा तो रख
सदा आगे बढ़ने की

❦ ❦ ❦

जिस दिन तूने
औरों के लिए तरसना छोड़ दिया
किसी शख़्स के लिए तड़पना छोड़ दिया
वह दिन तेरा गुणगान गाएगा

❦ ❦ ❦

किसी शख्स के लिए
अश्क मत बहा
पसीना बहा खुद के लिए
यही काम तेरे आएगा

47. अंधेरा अब भी बाकी है

अंधेरा अब भी बाकी है
उस रात के बाद
ज़िक्र उसका हो ही जाता है
मेरी हर बात के बाद

जो आँसू उसने दिए मुझको
वही अश्क अब मेरे चारागर हो गए
जब जब सामने आयी सूरत उसकी
आँख मेरे तर हो गए

धुंधली सी अब कोई तस्वीर बस नज़र आती है
रूठी मुझसे मेरी तक़दीर बस नज़र आती है
'दीप' अब उस तस्वीर से नज़र हटाना चाहिए
इस टूटी हुई नीड़ से ही नया आशियाना बनाना चाहिए

48. दो किनारे

राह के इस पार मैं हूँ
उस पार तुमहो
किस कदर मिल पाएंगे
मेरे नजरों से दर किनार तुम हो

निगाहें तो मिल गई
आरज़ू भी हो गई शायद
मैं रुक भी गया था वहीं
पर आगे बढ़ने को बेकरार तुम हो

काश मैं उस पार जा पाता
मैं अपना हाल सुना पाता
इच्छा तो बहुत ही कुछ कहने की
हिम्मत यदि जुटा पाता

या तुम भी यदि इधर आ पाती
खुले बाँहों से मुझे गले लगा पाती
मैं सब कुछ छोड़ कर तुम्हारा हो जाता
यदि दूरियाँ तुम मिटा पाती

❧ ❧ ❧

दिल तुम्हारा भी मिलने का करता होगा
पर शायद हमारे दूरियों से डरता होगा
तुम भी चाहती होगी कोई करे स्वीकार मुझे
कोई तो हो जो दे हद से ज्यादा प्यार मुझे

❧ ❧ ❧

मैं भी तुमसे कहना चाहता हूँ
जीवन भर तुम्हारा होकर रहना चाहता हूँ
पर शायद तुम करो नहीं स्वीकार मुझे
शायद तुम दे ना सको प्यार मुझे

❧ ❧ ❧

काश ये राह नहीं होती
तुम्हें पाने की कोई चाह नहीं होती
मैं दौड़कर उधर चला जाता
आसानी से तुम्हें पा जाता

49. यह अच्छी बात नहीं

किसी को कोई भरोसा दिलाना
कोई उम्मीद देना, कोई ढाढस बंधाना
फिर स्वयं ही उम्मीद को तोड़ जाना
ये अच्छी बात नहीं, ये अच्छी बात नहीं

क्योंकि टूटता न केवल आस है
साथ जाता विश्वास है
और तोड़ना यूं आस को, किसी के विश्वास को
अच्छी बात नहीं ये अच्छी बात नहीं

मनुज बहुत है धैर्य जुटाता
तब किसी पर भरोसा हो पाता
और उसके उम्मीदों को क्यों यूँ चकनाचूर करना
ये अच्छी बात नहीं ये अच्छी बात नहीं

यह बात जान लो तुम विश्वास है रिश्तों की डोरी
इसको तोड़ा सभी संबंध है तोड़ी
और किसी के दिल को यूँ तड़पाना भरमाना
ये अच्छी बात नहीं ये अच्छी बात नहीं

50. खुदा जाने क्यों इतना पास आता है वो

मिलते-मिलते कहीं दूर चला जाता है वो
खुदा जाने क्यों इतना पास आता है वो
वस्ल के इंतजार में हमने कई रातें गुजार दिए
हर रात बस ख्यालों में ही आता है वो

मुहब्बत करता है इज़हार नहीं करता
बेवफा नहीं है, शायद शरमाता है वो

मेरे मकान के आगे ही उसके कदम रुकते नहीं कभी
वैसे गली से तो कई दफा आता जाता है वो

अजब सा लहज़ा है मेरे दोस्त का
मुँह तो फेरता है, पर नजर पड़ते ही मुस्कुराता है वो

हर नफ़्स बस यही ख़्याल रहता है कि छोड़ आगे बढ़
जाए,

लेकिन दिल कहता है हो सकता है तुम्हें चाहता है वो

51. कौन अपना कौन पराया

कौन अपना है
पराया किसे कहें हम

अब तो अच्छा है
खुद में ही खुश रंग रहे हम

जब चांद आता है
तो सूरज साथ छोड़ देता है

अब किस-किस की परवाह करें हम

जब खोजा ख़ुद को अँधेरे में
तो यह जाना,
अब तो साए में भी ना रहे हम

लोगों के मिलने में, बिछड़ने में गम तुम्हें
'दीप' पर तुम ही कहो कैसे तन्हा रहे हम

52. जो मैं तुझसे दूर प्रेयसी

यह विदेश में, किसी अजनबी के वेश में

बैठा हूँ जो तुझसे दूर प्रेयसी

हर पल आँखों से छलकते कंचन में

कभी नयन-नक्श, तो कभी देखता हूँ

तेरे चेहरे का नूर प्रेयसी न जाने क्यों तेरे मिलने में है

कितनी सारी बाधाएँ है प्रेम असीम मेरा फिर भी इतनी

सीमाएँ

ईश जाने किस स्याही लिखा भाग्य मेरा या कि तेरा

स्याह-स्याह नज़र आता सब कुछ न जाने कब होगा सवेरा

तेरी यादें हैं जो रोशन करती अंधेरी कूप प्रेयसी

मैं यहां जब भी आँखें बंद करता देखता केवल तेरा रूप

प्रेयसी

तुझे भूल जाने को मैं घूमता हूँ भूवन में

फिर भी मन मंदिर में तू है,

तू ही है दिल के भवन में तूने अगर जो अपनाया नहीं तो

बोल कहा जाऊं

तेरे सिवा अब प्रेम संभव नहीं इस जीवन में

53. उस मकान से झांकता है कोई

पुरानी मकान से झांकता है कोई
लगता है तूफान से ज़िंदा बच गया है कोई

वह अपने आंसू समेटता है सागर के लिए
वह इंसान है या दरिया है कोई

जो मेरे सभी गम को गलत करता है
वह मेरा दोस्त नहीं फरिश्ता है कोई

यूँ नहीं है कि तन्हा हूँ मैं
मेरे लिए शायद खुदा को मनाता है कोई

मेरे अंदर झांक कर देखो, चाहो तो बचा लो
कराहता है, अंदर मर रहा है कोई

आँखें नम क्यों हो जाती है 'दीप'
लगता है ग़म से पुराना रिश्ता है कोई

54. ज़माने की उम्मीदें

ज़माने की उम्मीदें मुझे सोने नही देती
लोग कहते है तू मर्द है, ये मर्दानगी मुझे रोने नही देती

भरे गले से मुस्कुरा देता हूँ मैं
बस्ती गैरों की है, ये ख़याल आँख भिगोने नही देती।

हर रोज़ नया मरहम तलाशता हूँ, हर रोज़ नया ग़म
तलाशता हूँ।
दोस्तो की इनायत है दर्द कम होने नही देती

इस दुनिया से मिला नही कुछ तंज़ के सिवा
ये दुनिया कभी ख्वाब सलोने नही देती।

हर कोई माँग के ले जाता है खुशियां मुझसे
मेरी मासूमियत मुझे खुशी के पल संजोने नहीं देती।

नाराज़ हूँ माँ से एक अरसे से मैं
वो मुझे कलम देती है, खिलौने नही देती

फिर कोई दाग लगा आया लिबास में
'दीप' तेरी हरकते दामन साफ होने नहीं देती

55. कवि लिखो कोई गीत नया

निशा अब है बीत चला
नीरज प्रभात का है नया खिला
छोड़ो पल जो बीत गया
कवि लिखो कोई गीत नया

वेदना के स्वर अब है दबते जाते
लो नव उल्लास आमंत्रण दे तुम्हें बुलाते
अब छोड़ो पल-पल आहें भरना और लेते रहना सिसकियाँ
कवि लिखो कोई गीत नया

माना तुम्हारा रुदन बेकार नहीं है
पर जगती को यह स्वीकार नहीं है
जब-जब तुमने नयन से मोती ढुलकाये, जगती ने उपहास
किया
कवि लिखो कोई गीत नया

दुख के सुख के बंधन तोड़ो
सड़े गले वस्त्रों को अब छोड़ो
भूलो किस से क्या-क्या है लिया दिया
कवि लिखो कोई गीत नया

नवीनता अब एक आवश्यकता है
अतीत बंधन तुम्हारी दुर्बलता है
शुरू करो कोई अब एक नया प्रवाह
कवि लिखो कोई गीत नया

56. मायूस ना हो

जब कभी मायूस हो तुम या तन्हाई का आलम हो
लगे विरान यह जहान या घर करता दिल में कोई गम हो
मुश्किलें पग-पग पर तुम्हारे राह रोकने खड़ी हो
या परेशानियाँ चाहे रास्ते में अड़ी हो
जब कभी तुम्हें लगे अकेले चलना मुश्किल है
तो देखना चांद को जो अंधेरों में चमकता झिलमिल है
जब कभी रास्ते बंद या गति मंद अपनी लगने लगे
जब नफा नुकसान या की जय पराजय के बीच बंद लगने
लगे
चलते रहो, चलते रहो
क्योंकि गति चाहे नगण्य हो फिर भी चलना जरूरी है
यह मत देखो प्यारे मंजिल से अपनी कितनी दूरी है
नहीं जानते तुम यह कि कब विधाता फिर जाए
हो सकता बंजर भूमि से बढ़ते आगे राह वृक्षों से घिर जाए
कौन जानता कौन सा दाँव तुम्हें जीत दिला देगा
हो सकता जो है आज कीचड़ दलदल वही कमल खिला
देगा
अपमान करता शायद आज यह संसार हो
या फिर तीखे तंज़ बाणों से तुम पर प्रहार हो
कोशिश न छोड़ना ऐ मेरे दोस्त
हिम्मत न हारना ऐ मेरे दोस्त
चाहे जीत हो या फिर हार हो

सूरज चमकता रहेगा हरदम तेरे जीत की निशानी बनकर
तेरी भी यश गाथा फैलेगी दिशाओ में
तेरे ही दुश्मनों की जुबानी बनकर
जा विश्व पड़ाकुछ अपने भी नाम कर ले
हो जाएगा तू भी अमर
बस कोई ऐसा काम कर ले

57. अपने दीप स्वयं बनो

जब अंधकार घोर हो
न दिया जलाने वाला कोई और हो
तो अपने प्रदीप स्वयं बनो
अंधेरों में अपने 'दीप' स्वयं बनो

पथ पर होंगी बाधाएँ
दे ईश इतनी भी व्यथाएँ
जो कोई और ना बढे तो अकेले ही बढ़ो
अंधेरों में अपने 'दीप' स्वयं बनो

हो सकता है औरों को राह कोई नया मिले
देख सुमन को कुसुम कोई नया खिले
चलो तो सबको साथ लेकर चलो
अंधेरों में अपने 'दीप' स्वयं बनो

ना आएगा कोई राह दिखाने वाला
भटके तो भी राह बतलाने वाला
तुम्हारी मर्ज़ी है कितना बच-बच कर चलो
अंधेरों में अपने 'दीप' स्वयं बनो

58. 'दीप' नया जलता है

जब दिवा बुझ जाता है।
तम मग में छाता है।
तूफानों के भीतर अंगार कोई पलता है।
'दीप' नया जलता है।

अंधेरों ने कब जीता है प्रकाश को राण में।
उन्माद नहीं बैठ सकता कभी उच्च आसान में
वह देखो रात्रि के अंत सूर्य निशा को छलता है।
'दीप' नया जलता है।

एक चिंगारी ही काफी है ज्वाला भड़काने को
एक लपट लगा सकती आग ज़माने को।
समय सर्वशक्तिमान कब कहाँ टालता है।
'दीप' नया जलता है।

ओ आसमान पे चढ़ने वालों
पत्थर की तरह अकड़ने वालों
हिमशिखर हिमालय का भी गंगा में मचलता है

'दीप' नया जलता है
'दीप' नया जलता है

59. मैं सूरज देखता हूँ सदा

चाहे कितना भी घुप अंधेरा हो
जन-जन पर, जीवन पर,तम का पहरा हो

चाहे आगे बढ़ने का ज़ोर न हो
या फिर प्रभाव रात का गहरा हो

मैं सूरज देखता हूँ सदा

एक लगेगी वह चिंगारी
और प्रकाश चहुओर होगा
कट जाएगी परेशानी सारी
और भोर होगा

वहां देखो धुंधलका सा है
शांत मगर तहलका सा है
यह प्रमाण स्वर्ण रशिया है आने वाली

इन रश्मिरथी के आगे मस्तक टेकता हूँ सदा

मैं सूरज देखता हूँ सदा
है अंधेरा तो क्यों मैं रुक जाऊं
क्यों ना रोशनी को खोजूं
क्योंना श्वेद रक्त बहाऊँ

ओ अंधियारे में सोने वाले
या फिर दिनकर का रोना रोने वाले
प्रयत्न करो तुम भी सूरज को लाने का
या फिर पथ नया बना लो कोई उस तक जाने का
एक दिन प्रकाश यहां भी छाएगा
सूर्य स्वयं तुम तक आएगा
मैं रजनी में नीरज देखता हूँ सदा

मैं सूरज देखता हूँ सदा

60. जिंदा हो तुम

यदि टूट कर बिखर जाने के बाद भी
वृक्ष बनकर आंधियों से टकराने के बाद भी
जो खड़े होकर अपना परचम लहराते हो तुम
तो मेरे दोस्त, जिंदा हो तुम

कलियाँ जोबिखर गई गुल की
गुलिस्तां किताज हो गई धूल की
फिर भी गर ज़मीं को महकाते हो तुम
तो मेरे दोस्त जिंदा हो तुम

जिंदगी के सामने जो तुमने घुटना नहीं टेका
चाहे हालातों ने कितना हीरोका
हर बार गर राह नया खोज लाते हो तुम
तो मेरे दोस्त जिंदा हो तुम

जिस समाज ने वक्तव्य तुम्हारा दबाया हो
वाणी पर भी अंकुश लगाया हो
फिर भी अगर किसी की आवाज बन पाते हो तुम
तो मेरे दोस्त जिंदा हो तुम

***

किसी और का दोष क्यों स्वयं उठाएं चलते हो
वह तो है खुशी मनाता तुम अश्क बहाए चलते हो
छोड़ो अतीत को, जो गया व्यतीत हो आगे बढ़ो मुसकुराओ

***

क्योंकि मेरे दोस्त जिंदा हो तुम

61. जब परचम मेरा लहराएगा

[आदरणीय अटल बिहारी वाजपेई जी को श्रद्धांजलि]

कब सुधा का हमने रसपान किया
सदैव गरल का ही आववान किया
गम हो या खुशी जो मिला हमें
दाता की मर्जी का अक्सर ही सम्मान किया

यह है नहीं की राह सदा फूलों से सजती आई
हम हैं जो हर पल कांटों से बचते आये
यह नहीं कि मेघों की छाया सदा सर पर थी
हम हैं जो हर पल सूरज से तपते आए

कब कहा हमें मयस्सर सेज हुआ गुल का गुलिस्तानों का
हमने हर दम शीश तले रखा है टुकड़ा ही पाषाणों का
कब कहा हमें मयस्सर तेज हुआ रोशनी का अंगारों का
हमने हर दम खाख छाना है अंधेरे वीरानों का

पर अंधेरे तम को चीर
मैं प्रकाश को लाऊंगा
जो न राज़ी होगा चंद्रमा चलने को
तो मैं आकाश को लाऊंगा

❦❦❦

चाहे विधाता कितनी ही मुश्किलें दे
मैं हार नहीं मानूंगा
चाहे सृष्टि मानले अंत मेरा
मैं स्वीकार नहीं मानूंगा

❦❦❦

वक्त से लड़ता रहा
लड़ता ही चला जाऊंगा
दे व्यथा कितनी भी मुझे
मैं उनसे छंद गढ़ता ही चला जाऊंगा

❦❦❦

आख़िर वक्त भी कहीं आकर थम सा जाएगा
हो अंधेरा कितना भी प्रभात नया आएगा
विश्व मुझे तब ही थमा सा पाएगा
जब विश्व पर परचम मेरा लहराएगा

www.ingramcontent.com/pod-product-compliance
Lightning Source LLC
Chambersburg PA
CBHW051221160726
47994CB00002B/693